Impressum
Verlag: BABADADA GmbH, Nedderfeld 112 , 22529 Hamburg
Geschäftsführer / Verlagsleitung: Harald Hof
Druck: Books on Demand GmbH, In de Tarpen 42, 22848 Norderstedt

Imprint
Publisher: BABADADA GmbH, Nedderfeld 112 , 22529 Hamburg, Germany
Managing Director / Publishing direction: Harald Hof
Print: Books on Demand GmbH, In de Tarpen 42, 22848 Norderstedt

okul
el colegio

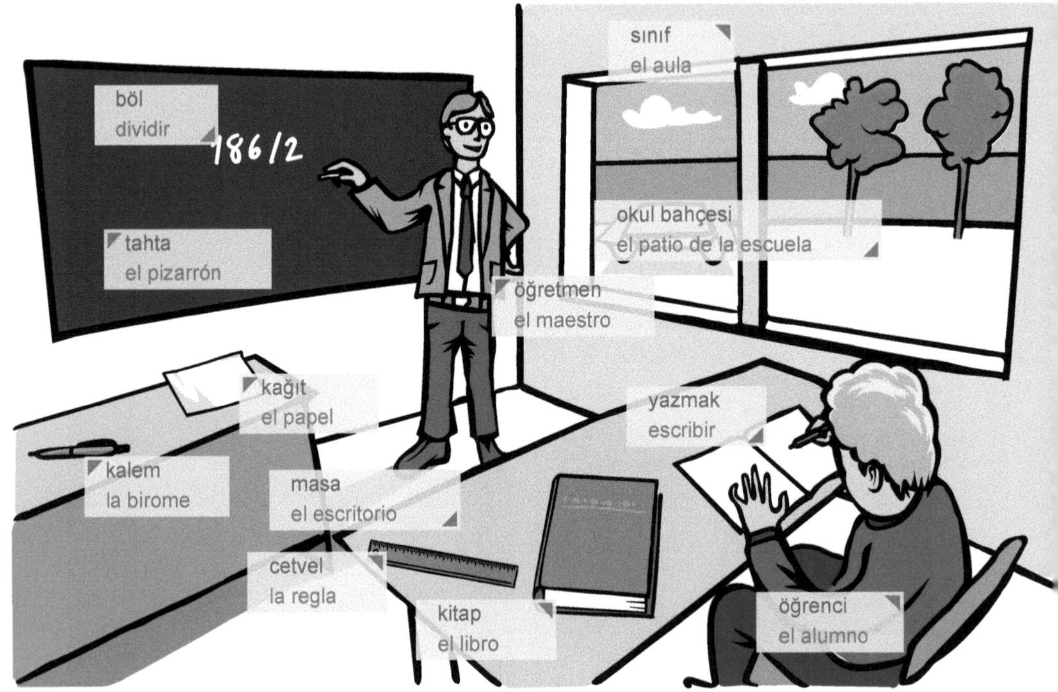
sınıf
el aula
böl
dividir
186/2
okul bahçesi
el patio de la escuela
tahta
el pizarrón
öğretmen
el maestro
kağıt
el papel
yazmak
escribir
kalem
la birome
masa
el escritorio
cetvel
la regla
kitap
el libro
öğrenci
el alumno

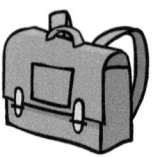

okul çantası
la mochila

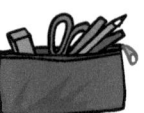

kalemlik
la caja de lápices

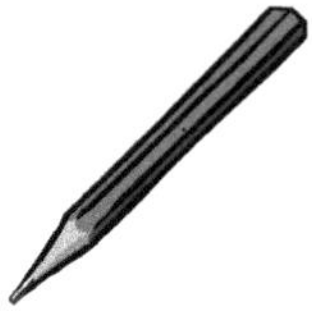

kurşun kalem
el lápiz

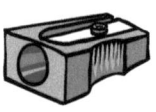

kalem açacağı
el sacapuntas

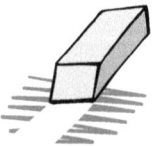

silgi
la goma (de borrar)

çizim defteri
el bloc de dibujo

çizim

el dibujo

resim fırçası

el pincel

boya kutusu

la caja de pinturas

makas

la tijera

tutkal

el pegamento

alıştırma kitabı

el cuaderno de ejercicios

ödev

la tarea

sayı

el número

ekle

sumar

çıkar

restar

çarp

multiplicar

hesapla

calcular

harf

la letra

alfabe

el abecedario

kelime

la palabra

metin

el texto

okumak

leer

tebeşir

la tiza

ders

la lección

kayıt

el cuaderno de clase

sınav

el examen

sertifika

el certificado

okul forması

el uniforme escolar

eğitim

la educación

ansiklopedi

la enciclopedia

üniversite

la universidad

mikroskop

el microscopio

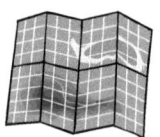

harita

el mapa

kağıt çöp kutusu

el tacho (de basura)

seyahat

el viaje

otel
el hotel
Grand
pansiyon
el hostel
ROOMS
döviz bürosu
la casa de cambio
EXCHANGE
bavul
la valija
otomobil
el auto

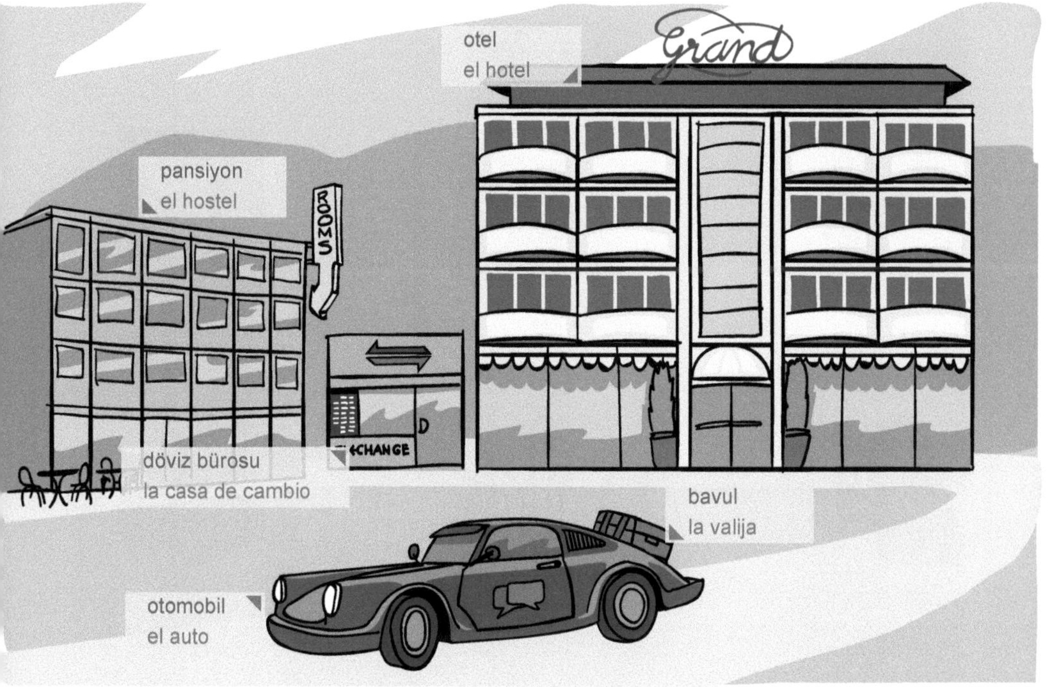

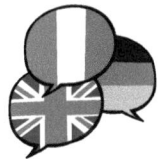

dil

el idioma

evet / hayır

sí / no

Tamam

Está bien

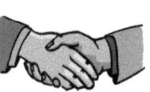

merhaba

hola

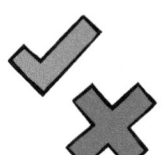

çevirmen

el traductor

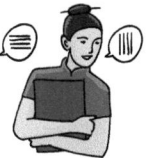

Teşekkür ederim

Gracias

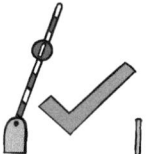

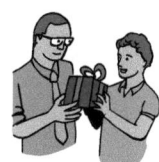

bu ... ne kadar?

¿cuánto cuesta...?

anlamadım

No entiendo

problem

el problema

İyi akşamlar!

¡Buenas tardes!

Günaydın!

¡Buenos días!

İyi geceler!

¡Buenas noches!

güle güle

el adiós

yön

la dirección

bagaj

el equipaje

çanta

el bolso

sırt çantası

la mochila

misafir

el invitado

oda

la habitación

uyku tulumu

la bolsa de dormir

çadır

la carpa

turist danışma

la información turística

sahil

la playa

kredi kartı

la tarjeta de crédito

kahvaltı

el desayuno

öğle yemeği

el almuerzo

akşam yemeği

la cena

Bilet

el pasaje

asansör

el ascensor

pul

el sello

sınır

la frontera

gümrük

la aduana

elçilik

la embajada

vize

la visa

pasaport

el pasaporte

ulaşım

el transporte

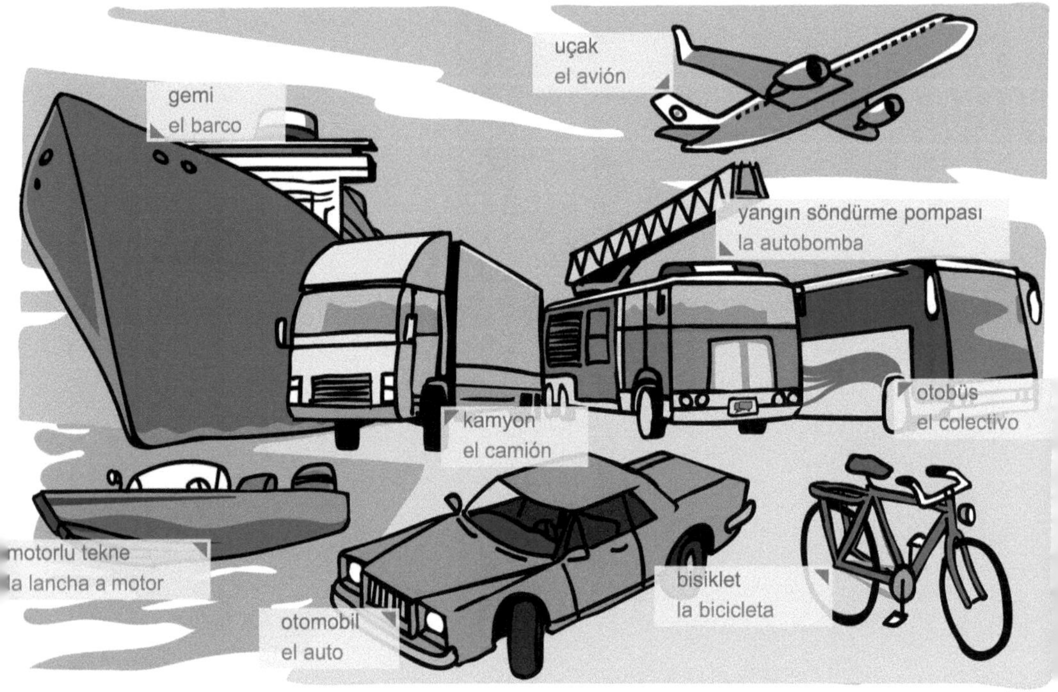
uçak
el avión
gemi
el barco
yangın söndürme pompası
la autobomba
otobüs
el colectivo
kamyon
el camión
motorlu tekne
la lancha a motor
bisiklet
la bicicleta
otomobil
el auto

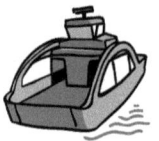

feribot

el ferry

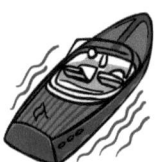

bot

el bote

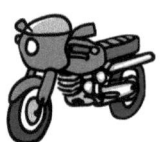

motosiklet

la moto

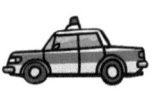

polis arabası

el patrullero

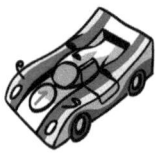

yarış arabası

el auto de carreras

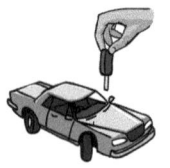

kiralık araba

el auto de alquiler

ortak araba

el alquiler de autos

çekici

la grúa

çöp kamyonu

el camión de la basura

motor

el motor

yakıt

la nafta

benzinlik

la estación de servicio

trafik işareti

la señal de tránsito

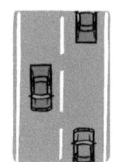

trafik

el tránsito

trafik sıkışıklığı

el embotellamiento

otopark

el estacionamiento

tren istasyonu

la estación de tren

ray

las vías

tren

el tren

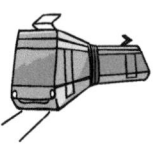

tramvay

el tranvía

vagon

el vagón

helikopter
el helicóptero

havaalanı
el aeropuerto

kule
la torre

yolcu
el pasajero

konteyner
el contenedor

koli
la caja de cartón

yük arabası
la carretilla

sepet
la canasta

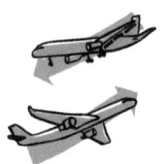

kalkış / iniş
despegar / aterrizar

şehir
la ciudad

köy
el pueblo

şehir merkezi
el centro de la ciudad

ev
la casa

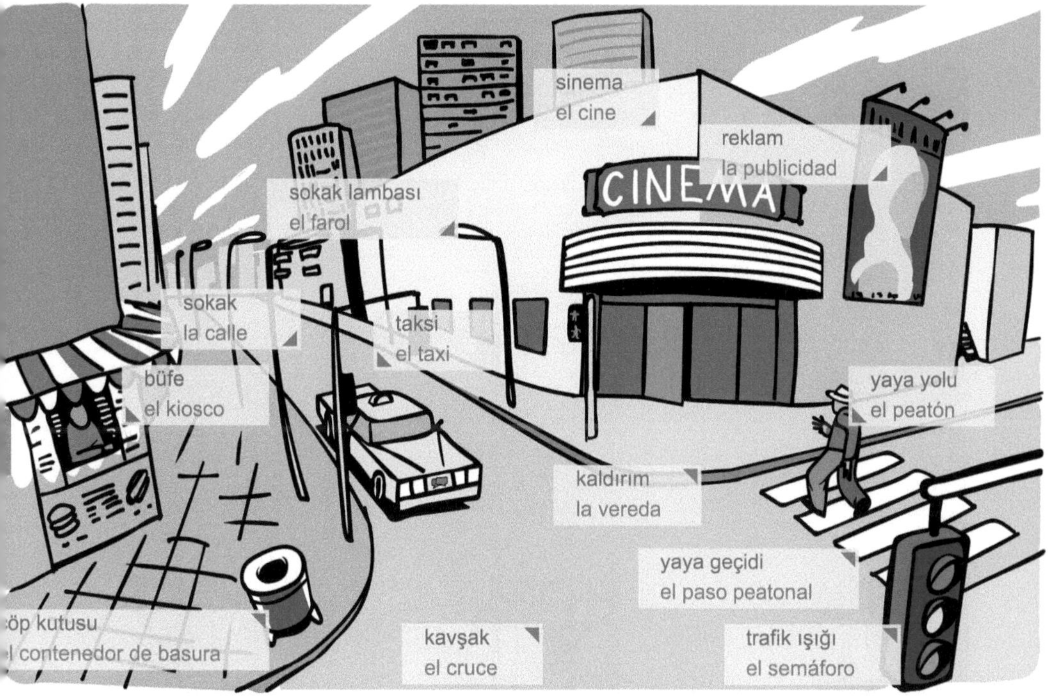

sinema
el cine

reklam
la publicidad

sokak lambası
el farol

sokak
la calle

taksi
el taxi

büfe
el kiosco

yaya yolu
el peatón

kaldırim
la vereda

çöp kutusu
el contenedor de basura

kavşak
el cruce

yaya geçidi
el paso peatonal

trafik ışığı
el semáforo

CINEMA

kulübe

la cabaña

apartman dairesi

el departamento

tren istasyonu

la estación de tren

belediye binası

la municipalidad

müze

el museo

okul

el colegio

üniversite

la universidad

banka

el banco

hastane

el hospital

otel

el hotel

eczane

la farmacia

ofis

la oficina

kitapçı

la librería

mağaza

el negocio

çiçekçi

la florería

süpermarket

el supermercado

market

el mercado

büyük mağaza

las grandes tiendas

balık satıcısı

la pescadería

alışveriş merkezi

el centro comercial

liman

el puerto

park

el parque

bank

el banco

köprü

el puente

merdiven

las escaleras

metro

el subte

tünel

el túnel

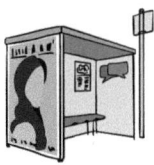

otobüs durağı

la parada del colectivo

bar

el bar

restoran

el restaurante

posta kutusu

el buzón

sokak tabelası

el letrero

otopark sayacı

el parquímetro

hayvanat bahçesi

el zoológico

yüzme havuzu

la pileta

cami

la mezquita

çiftlik
la granja

kirlilik
la contaminación

mezarlık
el cementerio

kilise
la iglesia

oyun alanı
los juegos infantiles

tapınak
el templo

arazi

el paisaje

yaprak
la hoja

yön tabelası
el poste indicador

yol
el camino

çayır
la pradera

taş
la piedra

yürüyüşçü
el excursionista

ağaç
el árbol

ırmak
el río

çimen
la hierba

çiçek
la flor

vadi
el valle

tepe
la montaña

göl
el lago

orman
el bosque

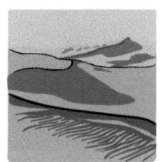

çöl
el desierto

volkan
el volcán

kale
el castillo

gökkuşağı
el arco iris

mantar
el champiñón

palmiye
la palmera

sivrisinek
el mosquito

sinek
la mosca

karınca
la hormiga

arı
la abeja

örümcek
la araña

arazi - el paisaje

böcek

el escarabajo

kurbağa

la rana

sincap

la ardilla

kirpi

el erizo

yabani tavşan

la liebre

baykuş

la lechuza

kuş

el pájaro

kuğu

el cisne

yaban domuzu

el jabalí

geyik

el ciervo

geyik

el alce

baraj

la presa

rüzgar türbini

el aerogenerador

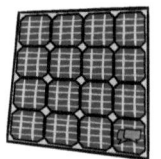

güneş paneli

el panel solar

iklim

el clima

restoran

el restaurante

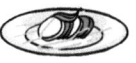

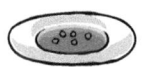

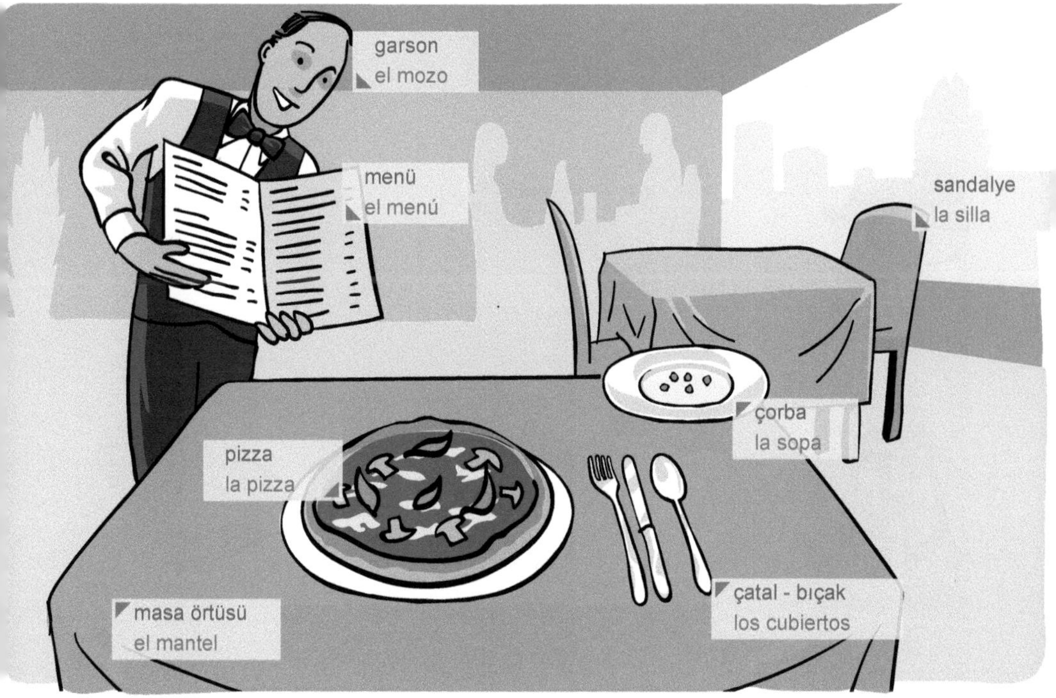

garson
el mozo
menü
el menú
sandalye
la silla
çorba
la sopa
pizza
la pizza
çatal - bıçak
los cubiertos
masa örtüsü
el mantel

başlangıç

la entrada

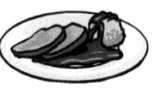

ana yemek

el plato principal

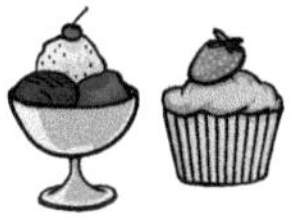

tatlı

el postre

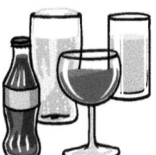

içecekler

las bebidas

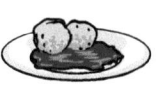

yemek

la comida

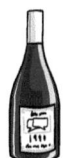

şişe

la botella

fastfood

la comida rápida

sokak yemeği

la comida callejera

çaydanlık

la tetera

şekerlik

la azucarera

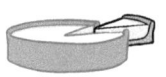

porsiyon

la porción

espresso makinesi

la cafetera expreso

mama sandalyesi

la sillita alta

fatura

la cuenta

tepsi

la bandeja

bıçak

el cuchillo

çatal

el tenedor

kaşık

la cuchara

çay kaşığı

la cucharita

servis peçetesi

la servilleta

bardak

el vaso

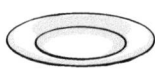

tabak
el plato

çorba kasesi
el plato hondo

fincan altlığı
el plato

sos
la salsa

tuzluk
el salero

karabiber değirmeni
el molinillo de pimienta

sirke
el vinagre

yağ
el aceite

baharat
las especias

ketçap
el kétchup

hardal
la mostaza

mayonez
la mayonesa

süpermarket

el supermercado

özel teklif
la oferta especial
FOR
müşteri
el cliente
süt ürünleri
los lácteos
meyve
la fruta
alışveriş arabası
el changuito

BUTCHERS

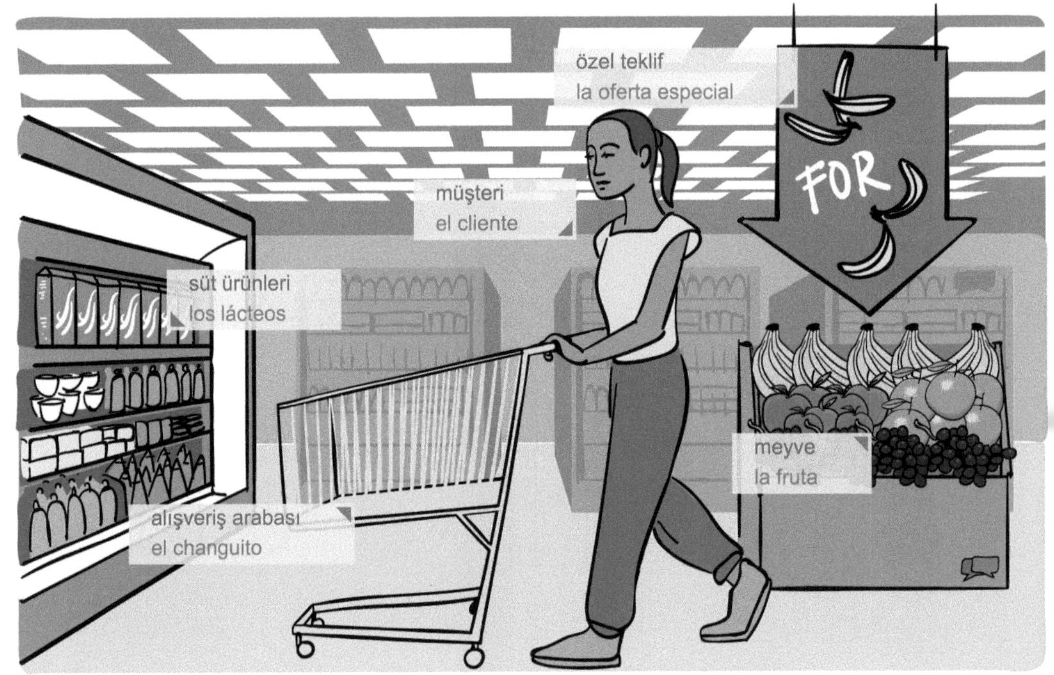

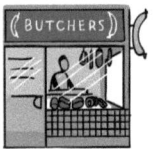

kasap
la carnicería

BAKERY

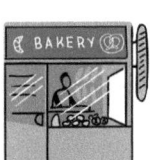

fırın
la panadería

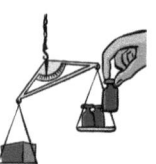

tartmak
pesar

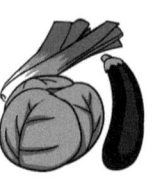

sebze
las verduras

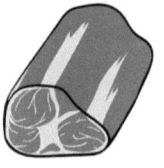

et
la carne

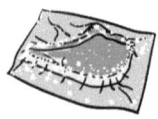

donmuş gıda
los alimentos congelados

söğüş et
los fiambres

konserve yiyecek
los alimentos enlatados

toz deterjan
el detergente en polvo

şekerlemeler
las golosinas

ev temizlik ürünleri
los electrodomésticos

temizlik ürünleri
los productos de limpieza

satış görevlisi
la vendedora

yazar kasa
la caja

kasiyer
el cajero

alışveriş listesi
la lista de compras

açılış saatleri
el horario de atención

cüzdan
la billetera

kredi kartı
la tarjeta de crédito

çanta
la cartera

plastik poşet
la bolsa de plástico

su

el agua

meyve suyu

el jugo

süt

la leche

kola

la bebida cola

şarap

el vino

bira

la cerveza

alkol

el alcohol

kakao

el cacao

çay

el té

kahve

el café

espresso

el café expreso

kapuçino

el cappuccino

muz

la banana

elma

la manzana

portakal

la naranja

kavun

el melón

limon

el limón

havuç

la zanahoria

sarımsak

el ajo

bambu

el bambú

soğan

la cebolla

mantar

el champiñón

çerez

las nueces

makarna

los fideos

spagetti

los tallarines

pirinç

el arroz

salata

la ensalada

cips

las papas fritas

patates kızartması

las papas fritas

pizza

la pizza

hamburger

la hamburguesa

sandviç

el sándwich

şinitzel

el churrasco

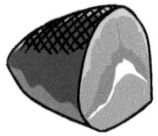

pastırma

el jamón

salam

el salame

sosis

la salchicha

tavuk

el pollo

rosto

el asado

balık

el pescado

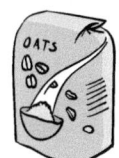

yulaf ezmesi

los copos de avena

müsli

el muesli

mısır gevreği

los copos de maíz

un

la harina

kruvasan

la medialuna

küçük ekmek

el pancito

ekmek

el pan

tost

la tostada

bisküvi

las galletitas

tereyağı

la manteca

kaymak

la cuajada

kek

la torta

yumurta

el huevo

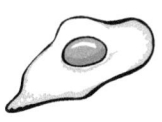

sahanda yumurta

el huevo frito

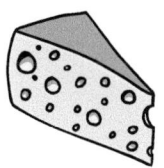

peynir

el queso

yemek - la comida

dondurma
el helado

şeker
el azúcar

bal
la miel

reçel
la mermelada

fındık ezmesi
la pasta de chocolate

köri
el curry

çiftlik
la granja

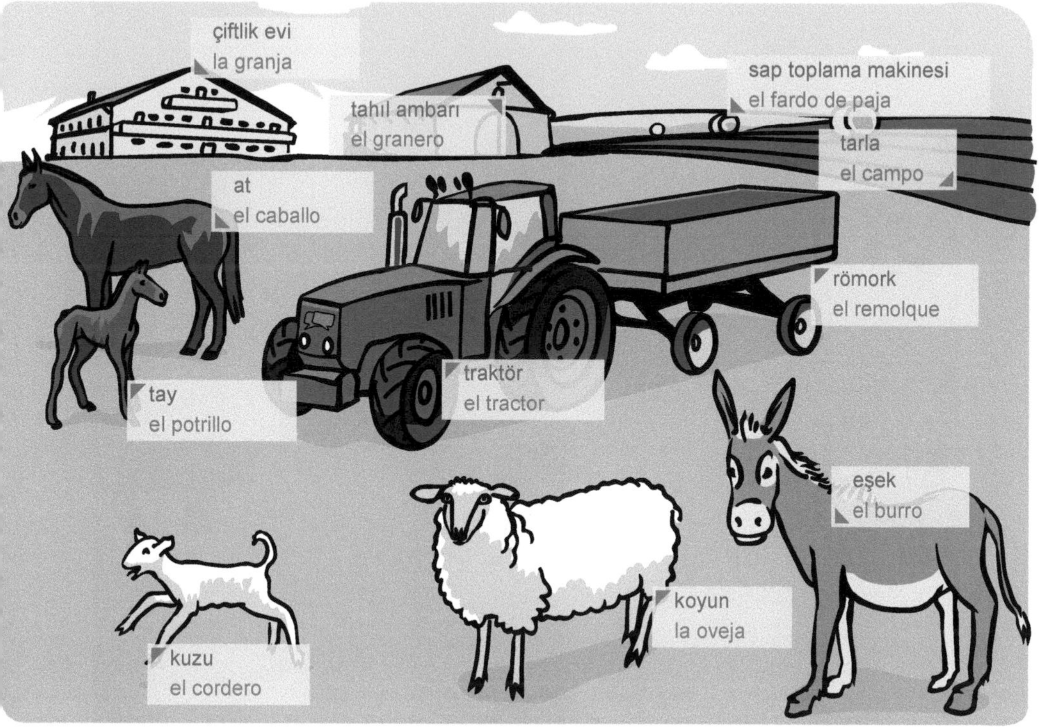

çiftlik evi
la granja
tahıl ambarı
el granero
sap toplama makinesi
el fardo de paja
tarla
el campo
at
el caballo
römork
el remolque
traktör
el tractor
tay
el potrillo
eşek
el burro
koyun
la oveja
kuzu
el cordero

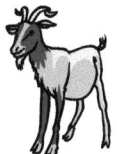

keçi

la cabra

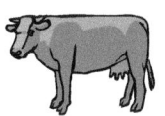

inek

la vaca

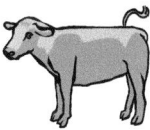

buzağı

el ternero

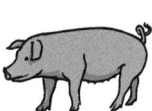

domuz

el cerdo

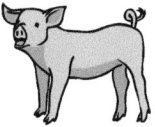

domuz yavrusu

el lechón

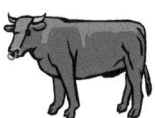

boğa

el toro

kaz

el ganso

ördek

el pato

civciv

el pollo

tavuk

la gallina

horoz

el gallo

sıçan

la rata

kedi

el gato

fare

el ratón

öküz

el buey

köpek

el perro

köpek kulübesi

la cucha

bahçe hortumu

la manguera

sulama kabı

la regadera

tırpan

la guadaña

pulluk

el arado

orak
la hoz

çapa
la azada

dirgen
la horquilla

balta
el hacha

el arabası
la carretilla

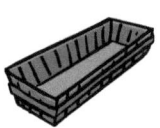

yemlik
el abrevadero

süt kovası
la lechera

çuval
la bolsa

çit
la reja

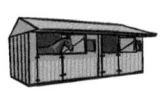

ahır
el establo

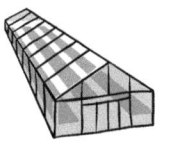

sera
el invernadero

toprak
el suelo

tohum
la semilla

gübre
el fertilizador

biçerdöver
la cosechadora

hasat etmek

cosechar

harman

la cosecha

tatlı patates

las batatas

buğday

el trigo

soya

la soja

patates

la papa

mısır

el maíz

kolza

la semilla de colza

meyve ağacı

el árbol frutal

manyok

la mandioca

hububat

los cereales

ev

la casa

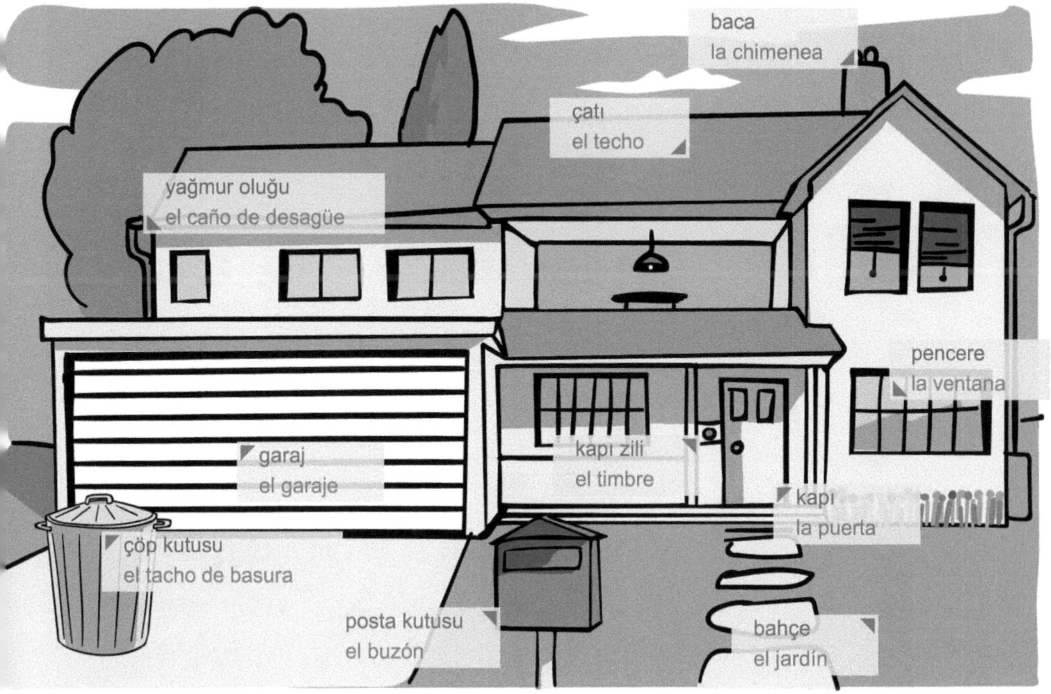
baca
la chimenea
çatı
el techo
yağmur oluğu
el caño de desagüe
pencere
la ventana
garaj
el garaje
kapı zili
el timbre
kapı
la puerta
çöp kutusu
el tacho de basura
posta kutusu
el buzón
bahçe
el jardín

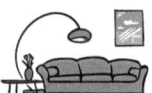

oturma odası
el living

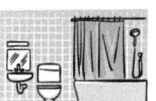

banyo
el baño

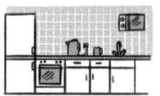

mutfak
la cocina

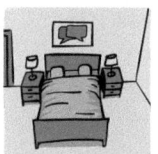

yatak odası
el dormitorio

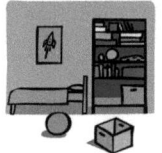

çocuk odası
el cuarto de los chicos

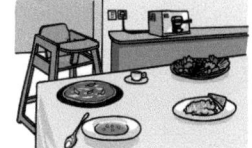

yemek odası
el comedor

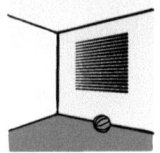

zemin

el piso

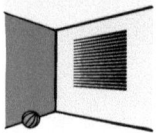

duvar

la pared

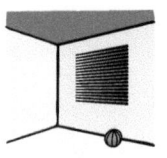

tavan

el cielorraso

kiler

el sótano

sauna

el sauna

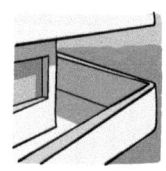

balkon

el balcón

teras

la terraza

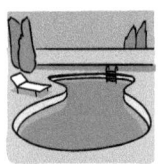

havuz

la pileta

çim biçme makinesi

la cortadora de pasto

çarşaf

la sábana

yatak örtüsü

el acolchado

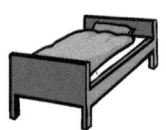

yatak

la cama

süpürge

la escoba

kova

el balde

anahtar

el interruptor

oturma odası

el living

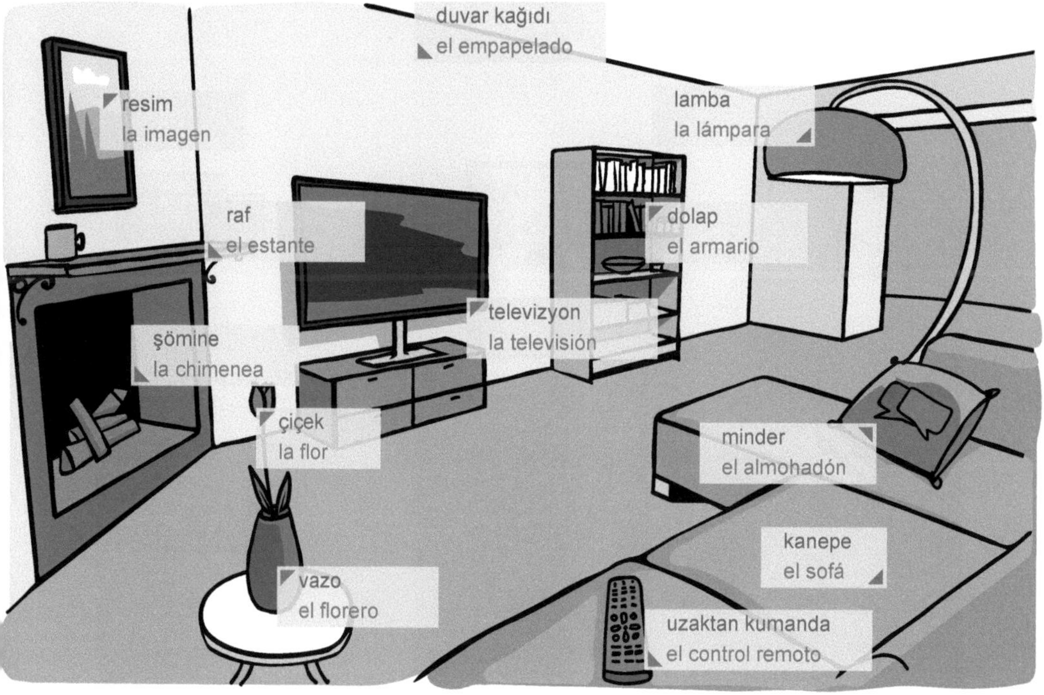

duvar kağıdı
el empapelado
resim
la imagen
lamba
la lámpara
raf
el estante
dolap
el armario
televizyon
la televisión
şömine
la chimenea
çiçek
la flor
minder
el almohadón
kanepe
el sofá
vazo
el florero
uzaktan kumanda
el control remoto

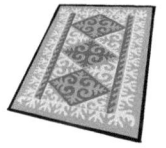

halı

la alfombra

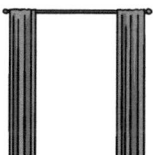

perde

la cortina

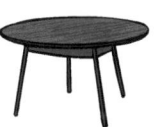

masa

la mesa

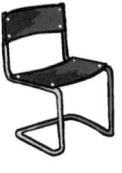

sandalye

la silla

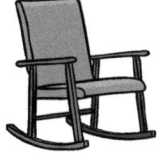

salıncaklı koltuk

la mecedora

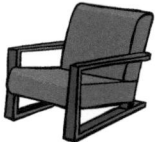

koltuk

el sillón

kitap

el libro

battaniye

la frazada

dekor

la decoración

odun

la leña

film

la película

hi-fi

el equipo de música

anahtar

la llave

gazete

el diario

tablo

la pintura

poster

el póster

radyo

la radio

defter

el cuaderno

elektrikli süpürge

la aspiradora

kaktüs

el cactus

mum

la vela

mutfak
la cocina

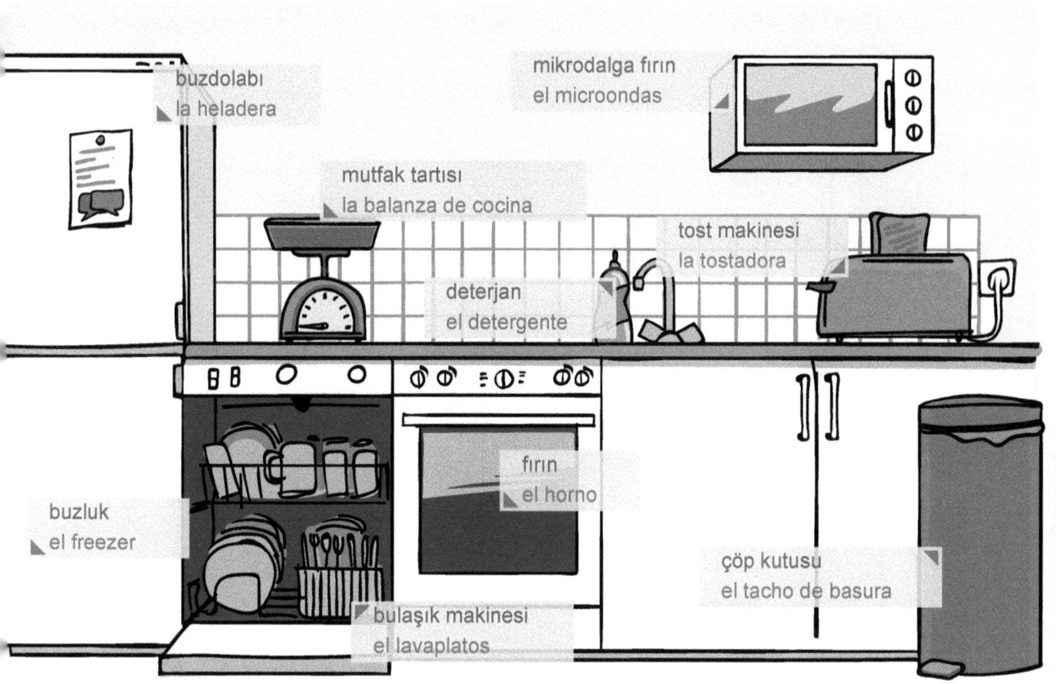
buzdolabı
la heladera
mikrodalga fırın
el microondas
mutfak tartısı
la balanza de cocina
tost makinesi
la tostadora
deterjan
el detergente
fırın
el horno
buzluk
el freezer
çöp kutusu
el tacho de basura
bulaşık makinesi
el lavaplatos

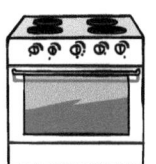

ocak

la cocina

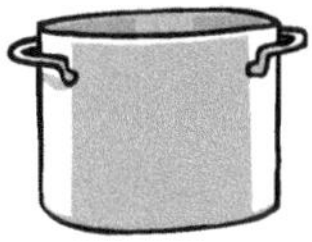

tencere

la olla

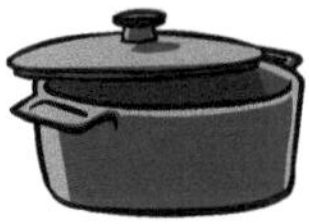

döküm tencere

la olla de hierro fundido

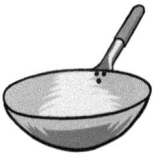

wok

el wok

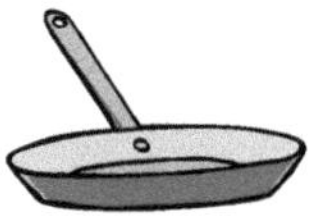

tava

la sartén

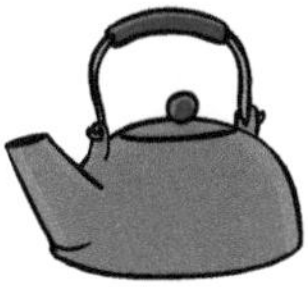

su ısıtıcı

la pava

buharlı pişirici

la vaporera

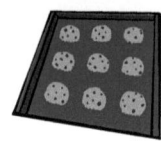

pişirme tepsisi

la bandeja de horno

tabak takımı

la vajilla

kupa

la taza

kase

el bol

çubuk (çin yemeği)

los palitos

kepçe

el cucharón

spatula

la espátula

çırpma teli

la batidora

süzgeç

el colador

elek

el colador

rende

el rallador

havan

el mortero

barbekü

la parrilla

açık ateş

la fogata

kesme tahtası

la tabla de picar

merdane

el palo de amasar

tirbüşon

el sacacorchos

konserve kutusu

la lata

konserve açacağı

el abrelatas

fırın eldiveni

la manopla

evye

la pileta

fırça

el cepillo

sünger

la esponja

blender

la batidora

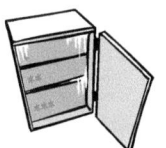

derin dondurucu

el congelador

biberon

la mamadera

musluk

la canilla

banyo
el baño

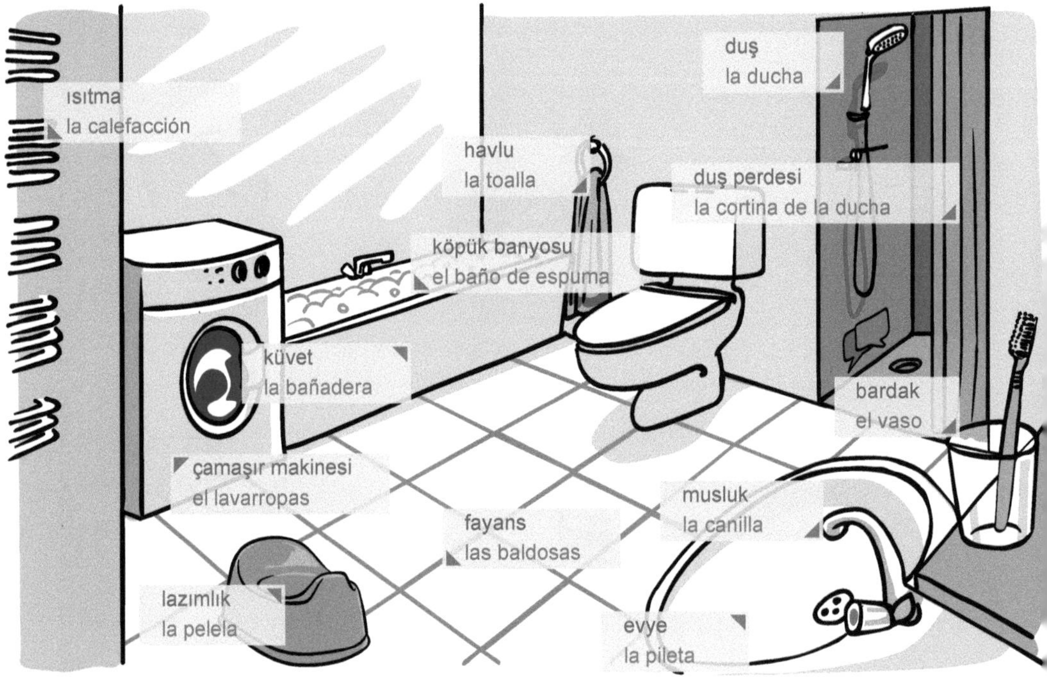

duş
la ducha
ısıtma
la calefacción
havlu
la toalla
duş perdesi
la cortina de la ducha
köpük banyosu
el baño de espuma
küvet
la bañadera
bardak
el vaso
çamaşır makinesi
el lavarropas
musluk
la canilla
fayans
las baldosas
lazımlık
la pelela
evye
la pileta

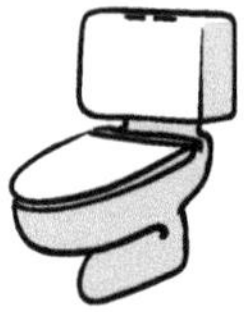

tuvalet

el inodoro

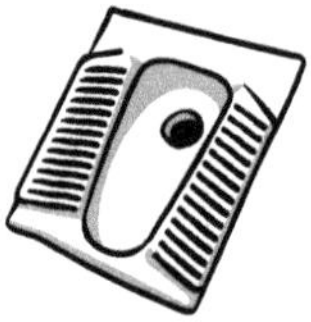

alaturka tuvalet

la letrina

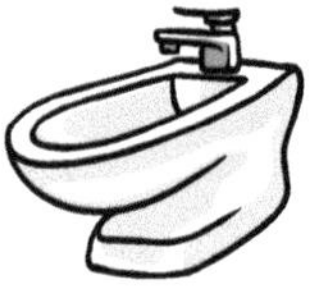

bide

el bidé

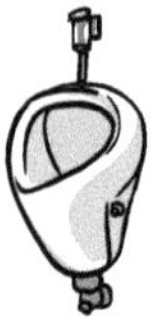

pisuvar

el mingitorio

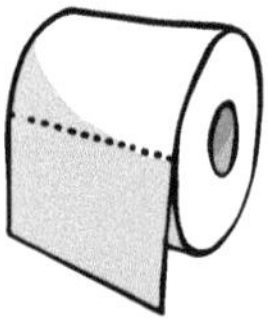

tuvalet kağıdı

el papel higiénico

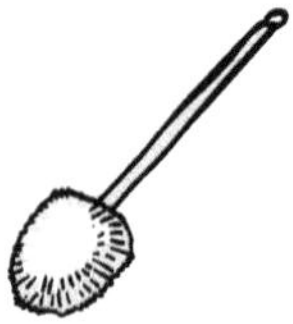

tuvalet fırçası

el cepillo para el inodoro

diş fırçası

el cepillo de dientes

diş macunu

el dentífrico

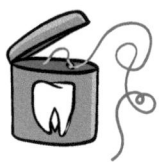

diş ipi

el hilo dental

yıkamak

lavar

duş başlığı

la ducha de mano

duş başlığı şeklinde taharet musluğu

la ducha higiénica

küvet

la palangana

banyo fırçası

el cepillo para la espalda

sabun

el jabón

duş jeli

el gel de ducha

şampuan

el shampoo

banyo lifi

la toallita

gider

el desagüe

krem

la crema

deodorant

el desodorante

ayna

el espejo

el aynası

el espejito

jilet

la maquinita de afeitar

tıraş köpüğü

la espuma de afeitar

tıraş losyonu

el aftershave

tarak

el peine

fırça

el cepillo

saç kurutma makinesi

el secador de pelo

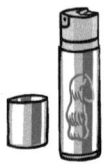

saç spreyi

el spray

makyaj

el maquillaje

ruj

el lápiz de labios

tırnak cilası

el esmalte para uñas

pamuk

el algodón

tırnak makası

la tijera para uñas

parfüm

el perfume

makyaj çantası

el portacosméticos

tabure

la banqueta

tartı

la balanza

bornoz

la bata

lastik eldiven

los guantes de goma

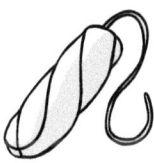

tampon

el tampón

kadın pedi

la toallita femenina

kimyevi tuvalet

el baño químico

çocuk odası
el cuarto de los chicos

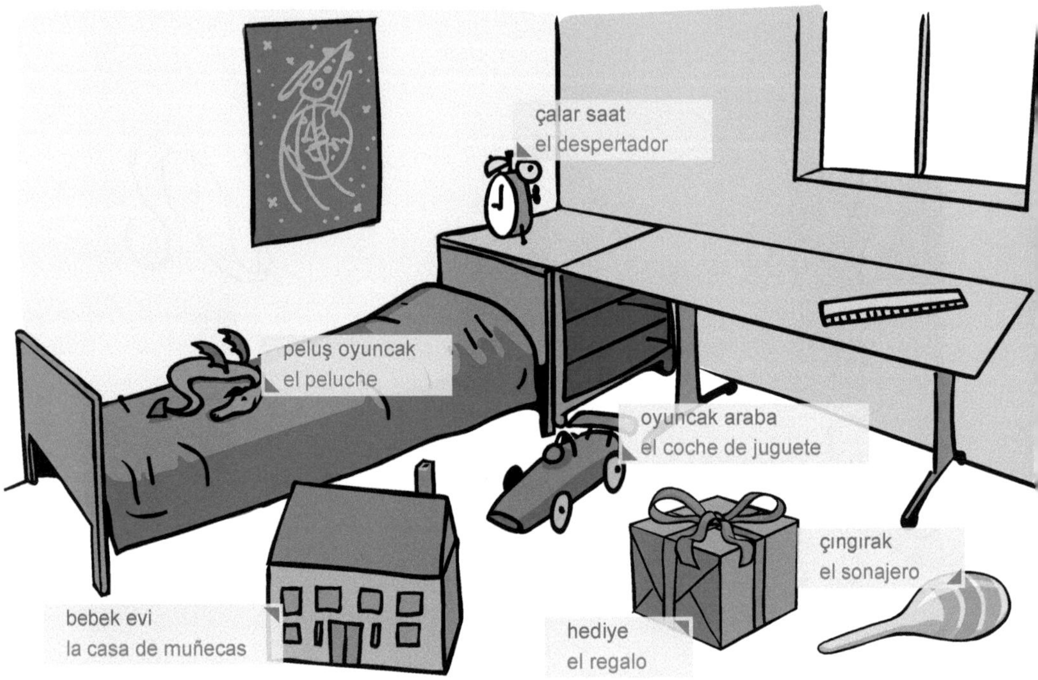

çalar saat
el despertador
peluş oyuncak
el peluche
oyuncak araba
el coche de juguete
çıngırak
el sonajero
bebek evi
la casa de muñecas
hediye
el regalo

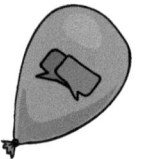

balon

el globo

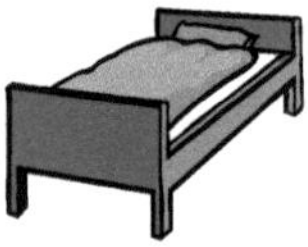

yatak

la cama

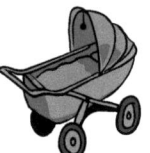

bebek arabası

el cochecito

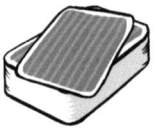

kart destesi

las cartas

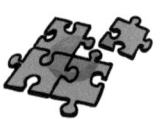

yapboz

el rompecabezas

SUPER
MEGA

çizgi roman

la historieta

lego tuğlaları

las piezas de lego

lego blokları

los ladrillos de juguete

aksiyon figürü

la figura de acción

zıbın

el enterito (de bebé)

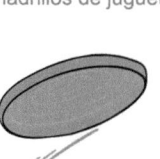

frizbi

el frisbee

dönence

el móvil para bebés

masa oyunu

el juego de mesa

zar

los dados

model tren seti

el tren eléctrico

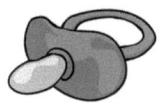

emzik

el chupete

parti

la fiesta

resimli kitap

el libro de cuentos ilustrado

top

la pelota

oyuncak bebek

la muñeca

oynamak

jugar

kum havuzu

el arenero

salıncak

la hamaca

oyuncaklar

los juguetes

video oyun konsolu

la consola de videojuegos

üç tekerlekli bisiklet

el triciclo

oyuncak ayı

el osito de peluche

gardırop

el armario

kıyafet

la ropa

çorap

las medias

külotlu çorap

las medias panty

tayt

las calzas

eşarp
la bufanda

şemsiye
el paraguas

tişört
la remera

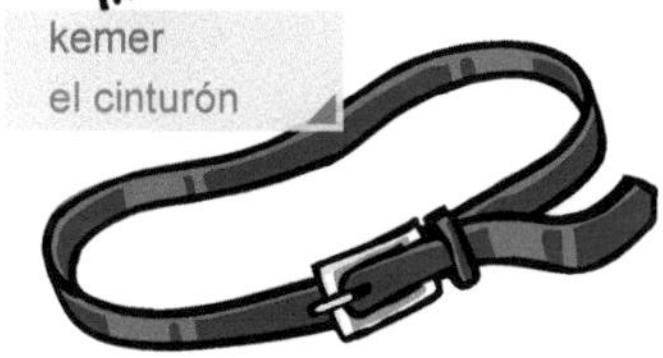

kemer
el cinturón

bot
las botas

terlik
las pantuflas

spor ayakkabı
las zapatillas

sandalet

las sandalias

ayakkabı

los zapatos

lastik çizme

las botas de goma

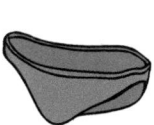

külot

la ropa interior

sütyen

el corpiño

yelek

el chaleco

dar bluz

el body

pantolon

los pantalones

kot pantolon

los jeans

etek

la pollera

bluz

la blusa

gömlek

la camisa

kazak

el pulóver

süveter

el buzo

blazer

el blazer

ceket

la campera

mont

el tapado

yağmurluk

el piloto

kostüm

el traje

elbise

el vestido

gelinlik

el vestido de novia

takım elbise

el traje

gecelik

el camisón

pijama

el pijama

sari

el sari

baş örtüsü

el pañuelo para la cabeza

türban

el turbante

burka

la burka

kaftan

el caftán

çarşaf

la abaya

mayo

el traje de baño

erkek mayosu

el short de baño

şort

los shorts

eşofman

el jogging

önlük

el delantal

eldiven

los guantes

düğme

el botón

gözlük

los anteojos

bilezik

la pulsera

kolye

el collar

yüzük

el anillo

küpe

el aro

kep

la gorra

portmanto

la percha

şapka

el sombrero

kravat

la corbata

fermuar

el cierre

kask

el casco

pantolon askısı

los tiradores

okul forması

el uniforme escolar

üniforma

el uniforme

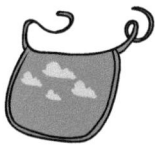

mama önlüğü

el babero

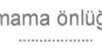

emzik

el chupete

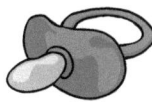

bebek bezi

el pañal

ofis
la oficina

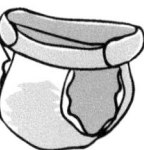

sunucu
el servidor
dosya dolabı
el archivero
yazıcı
la impresora
kağıt
el papel
monitör
el monitor
fare
el mouse
masa
el escritorio
klasör
la carpeta
klavye
el teclado
kağıt çöp kutusu
el tacho (de basura)
bilgisayar
la computadora
sandalye
la silla

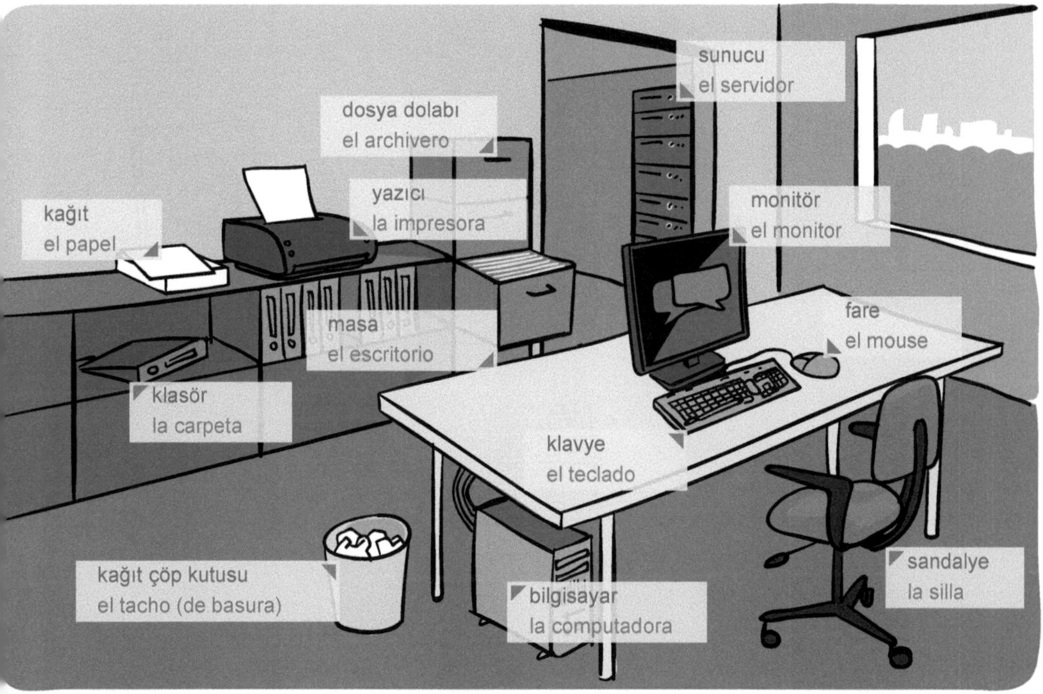

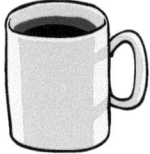

kahve fincanı

la taza de café

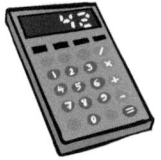

hesap makinesi

la calculadora

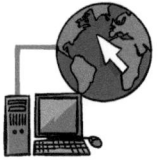

internet

el internet

dizüstü

la laptop

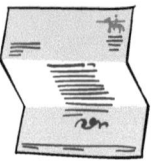

mektup

la carta

mesaj

el mensaje

cep telefonu

el celular

ağ

la red

fotokopi makinesi

la fotocopiadora

yazılım

el software

telefon

el teléfono

priz

el tomacorriente

faks makinesi

el fax

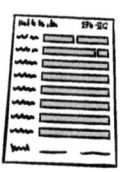

form

el formulario

belge

el documento

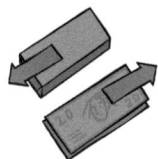

satın almak

comprar

ödemek

pagar

ticaret yapmak

hacer negocios

para

el dinero

dolar

el dólar

avro

el euro

yen

el yen

ruble

el rublo

İsviçre frangı

el franco suizo

Çin yuanı

el yuan

rupi

la rupia

kasa

el cajero automático

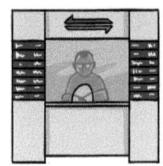

döviz bürosu

la casa de cambio

altın

el oro

gümüş

la plata

petrol

el petróleo

enerji

la energía

fiyat

el precio

kontrat

el contrato

vergi

el impuesto

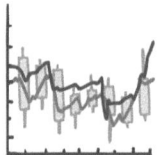

menkul değer

la acción

çalışmak

trabajar

işveren

el empleado

işçi

el empleador

fabrika

la fábrica

mağaza

el negocio

meslekler
las ocupaciones

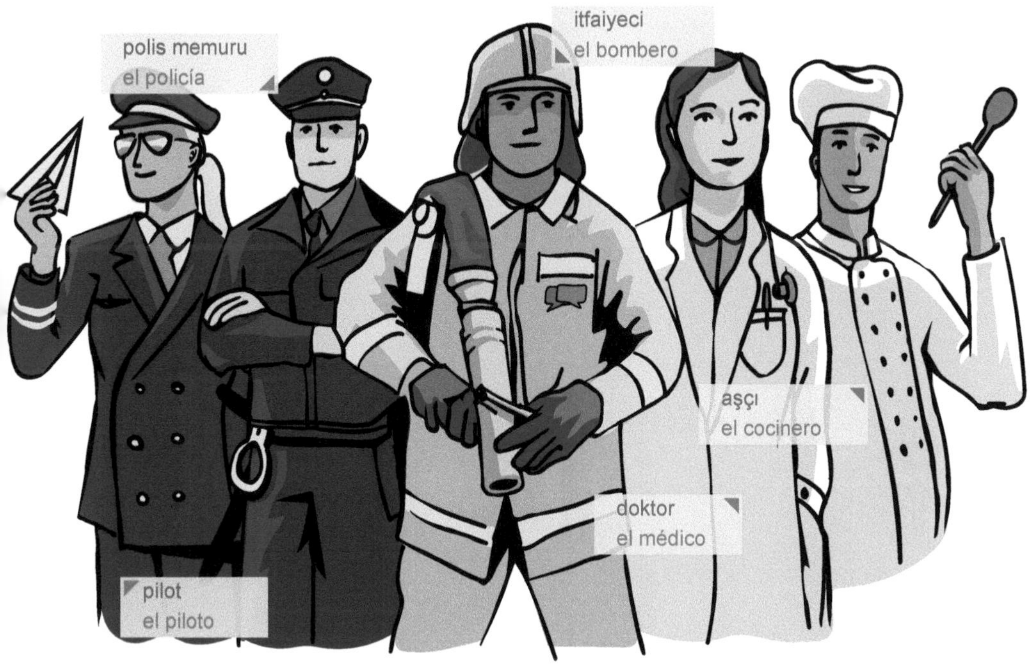
polis memuru
el policía
itfaiyeci
el bombero
aşçı
el cocinero
doktor
el médico
pilot
el piloto

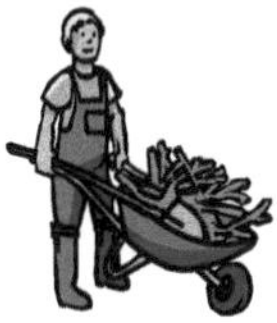

bahçıvan

el jardinero

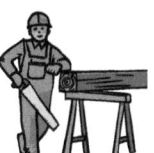

marangoz

el carpintero

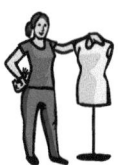

terzi

la modista

hakim

el juez

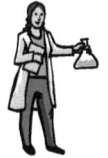

kimyager

el farmacéutico

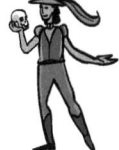

aktör

el actor

otobüs şoförü

el colectivero

taksi şoförü

el taxista

balıkçı

el pescador

temizlikçi

la mucama

çatı ustası

el techista

garson

el mozo

avcı

el cazador

boyacı

el pintor

fırıncı

el panadero

elektrikçi

el electricista

inşaatçı

el albañil

mühendis

el ingeniero

kasap

el carnicero

muslukçu

el plomero

postacı

el cartero

asker
el soldado

mimar
el arquitecto

kasiyer
el cajero

çiçekçi
el florista

kuaför
el peluquero

kondüktör
el cobrador

tamirci
el mecánico

kaptan
el capitán

dişçi
el dentista

bilim insanı
el científico

haham
el rabino

imam
el imán

keşiş
el monje

rahip
el sacerdote

aletler
las herramientas

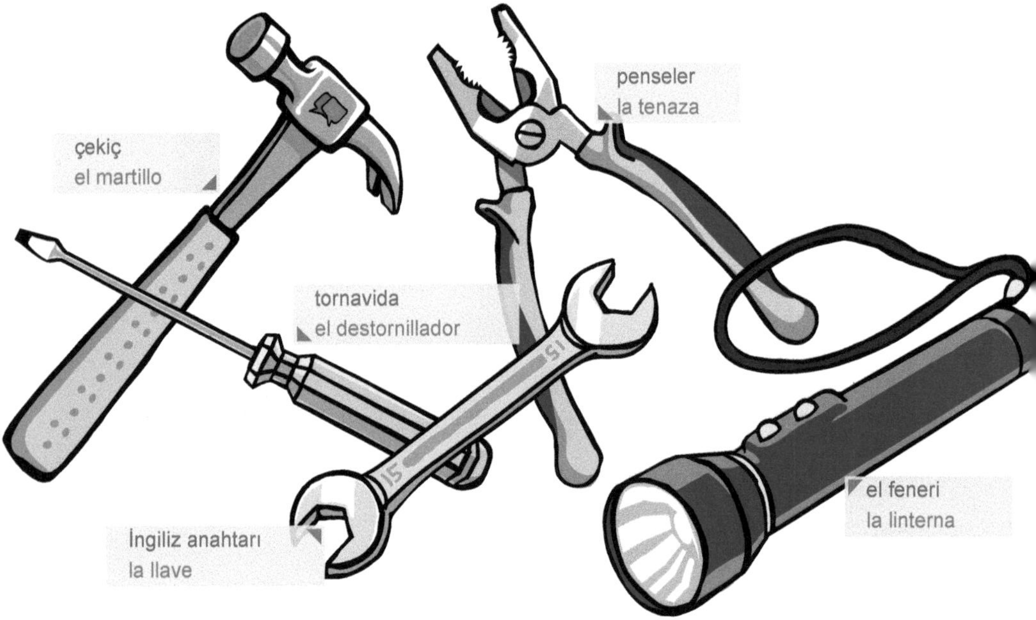
çekiç
el martillo
tornavida
el destornillador
penseler
la tenaza
İngiliz anahtarı
la llave
el feneri
la linterna

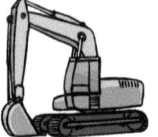

kazı makinesi

la excavadora

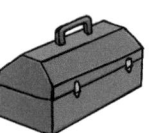

alet çantası

la caja de herramientas

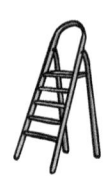

merdiven

la escalera portátil

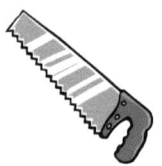

testere

la sierra

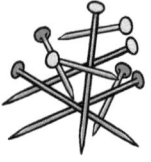

çiviler

los clavos

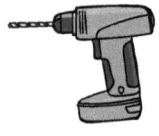

matkap

el taladro

tamir etmek
....
arreglar

kürek
....
la pala de jardín

Kahretsin!
....
¡Qué bronca!

faraş
....
la pala de plástico

boya tenekesi
....
el tacho de pintura

vidalar
....
los tornillos

müzik enstrümanı

los instrumentos musicales

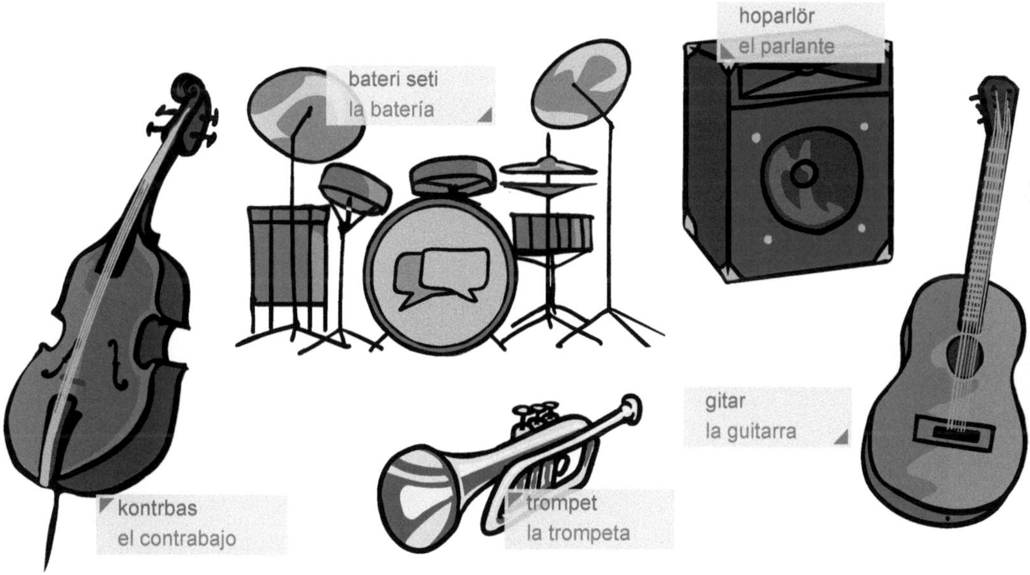

hoparlör
el parlante

bateri seti
la batería

gitar
la guitarra

kontrbas
el contrabajo

trompet
la trompeta

piyano

el piano

keman

el violín

basgitar

el bajo

timpani

los timbales

bateri

el tambor

klavye

el teclado

saksafon

el saxofón

flüt

la flauta

mikrofon

el micrófono

hayvanat bahçesi
el zoológico

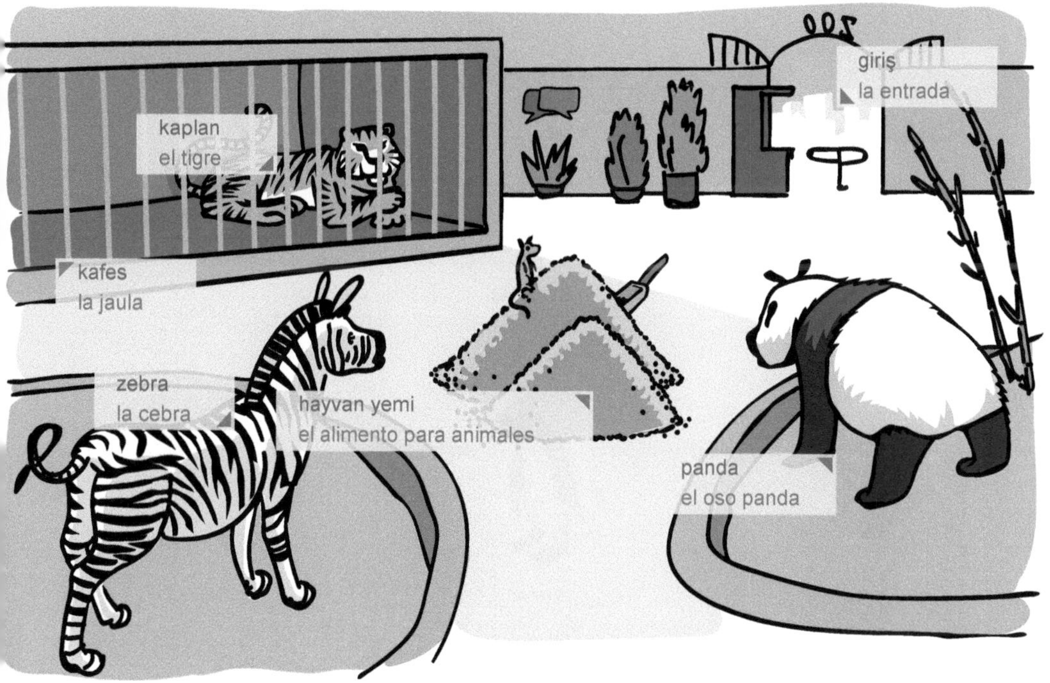
giriş
la entrada
kaplan
el tigre
kafes
la jaula
zebra
la cebra
hayvan yemi
el alimento para animales
panda
el oso panda

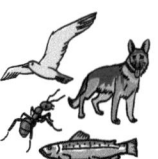

hayvanlar

los animales

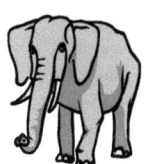

fil

el elefante

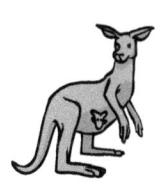

kanguru

el canguro

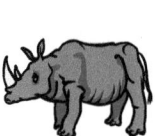

gergedan

el rinoceronte

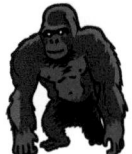

goril

el gorila

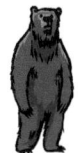

ayı

el oso

deve

el camello

deve kuşu

el avestruz

aslan

el león

maymun

el mono

flamingo

el flamenco

papağan

el loro

kutup ayısı

el oso polar

penguen

el pingüino

köpek balığı

el tiburón

tavus kuşu

el pavo real

yılan

la serpiente

timsah

el cocodrilo

hayvanat bahçesi görevlisi

el cuidador del zoológico

fok

la foca

jaguar

el jaguar

midilli atı

el poni

leopar

el leopardo

su aygırı

el hipopótamo

zürafa

la jirafa

kartal

el águila

yaban domuzu

el jabalí

balık

el pescado

kaplumbağa

la tortuga

mors

la morsa

tilki

el zorro

ceylan

la gacela

amerikan futbolu
el fútbol americano

bisiklete binme
el ciclismo

tenis
el tenis

basketbol
el básquet

yüzme
la natación

boks
el boxeo

buz hokeyi
el hockey sobre hielo

futbol
el fútbol

badminton
el bádminton

atletizm
el atletismo

hentbol
el handball

kayak
el esquí

polo
el polo

etkinlikler
las actividades

atlamak
saltar
sarılmak
abrazar
gülmek
reír
yürümek
caminar
söylemek
cantar
hayal etmek
soñar
dua etmek
rezar
öpmek
besar

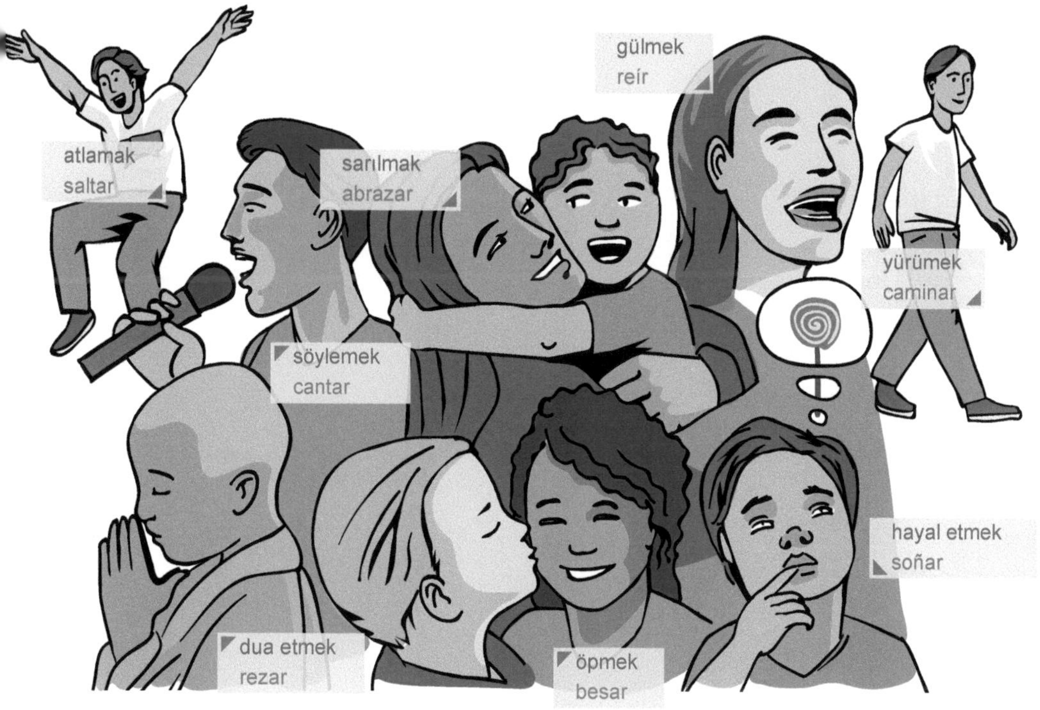

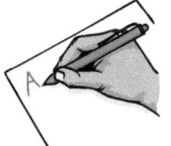

yazmak
escribir

çizmek
dibujar

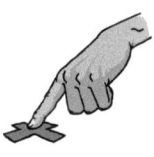

göstermek
mostrar

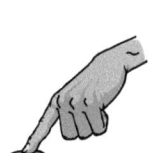

itmek
presionar

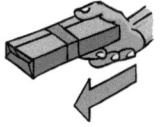

vermek
dar

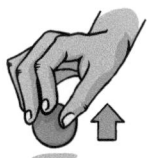

almak
tomar

sahip olmak
tener

yapmak
hacer

olmak
ser

ayakta durmak
estar parado

koşmak
correr

çekmek
tirar

atmak
tirar

düşmek
caer

yalan söylemek
estar acostado

beklemek
esperar

taşımak
llevar

oturmak
estar sentado

giyinmek
vestirse

uyumak
dormir

uyanmak
despertar

bakmak

mirar

ağlamak

llorar

vurmak

acariciar

taramak

peinar

konuşmak

hablar

anlamak

entender

sormak

preguntar

dinlemek

escuchar

içmek

beber

yemek

comer

düzenlemek

ordenar

sevmek

amar

pişirmek

cocinar

sürmek

manejar

uçmak

volar

denize açılmak

navegar

hesapla

calcular

okumak

leer

öğrenmek

aprender

çalışmak

trabajar

evlenmek

casarse

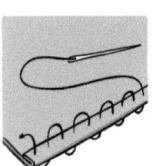

dikmek

coser

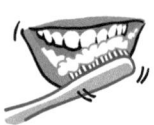

diş fırçalamak

cepillarse los dientes

öldürmek

matar

sigara içmek

fumar

yollamak

enviar

aile
la familia

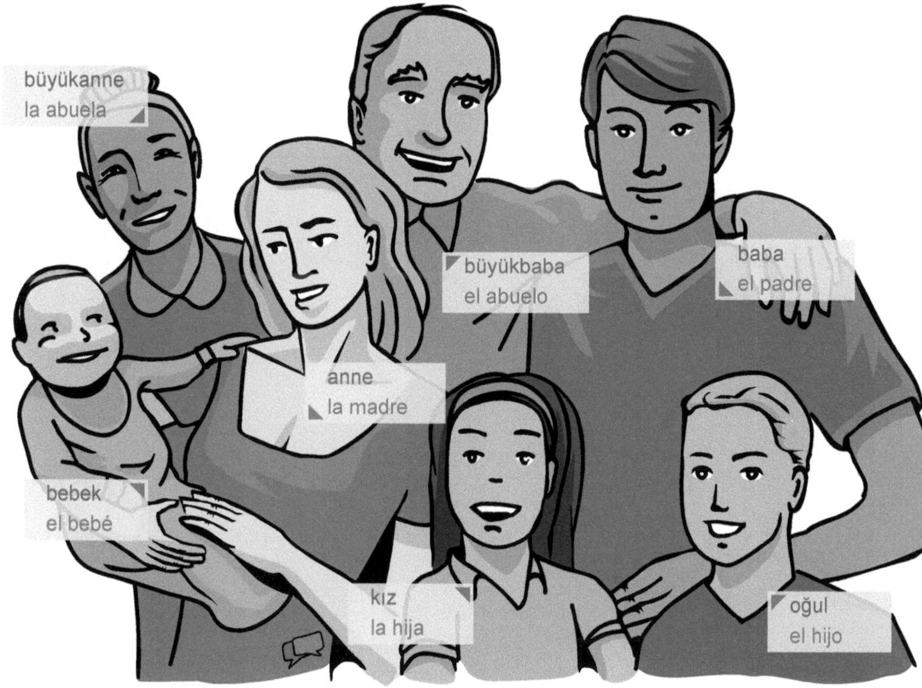
büyükanne
la abuela
büyükbaba
el abuelo
baba
el padre
anne
la madre
bebek
el bebé
kız
la hija
oğul
el hijo

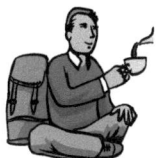

misafir
el invitado

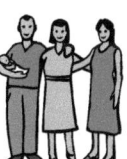

teyze
la tía

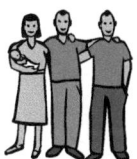

amca
el tío

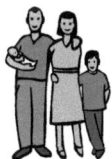

erkek kardeş
el hermano

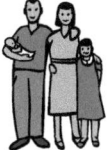

kız kardeş
la hermana

vücut

el cuerpo

alın
la frente
göz
el ojo
yüz
la cara
çene
la pera
göğüs
el pecho
parmak
el dedo
el
la mano
kol
el brazo
omuz
el hombro
bacak
la pierna

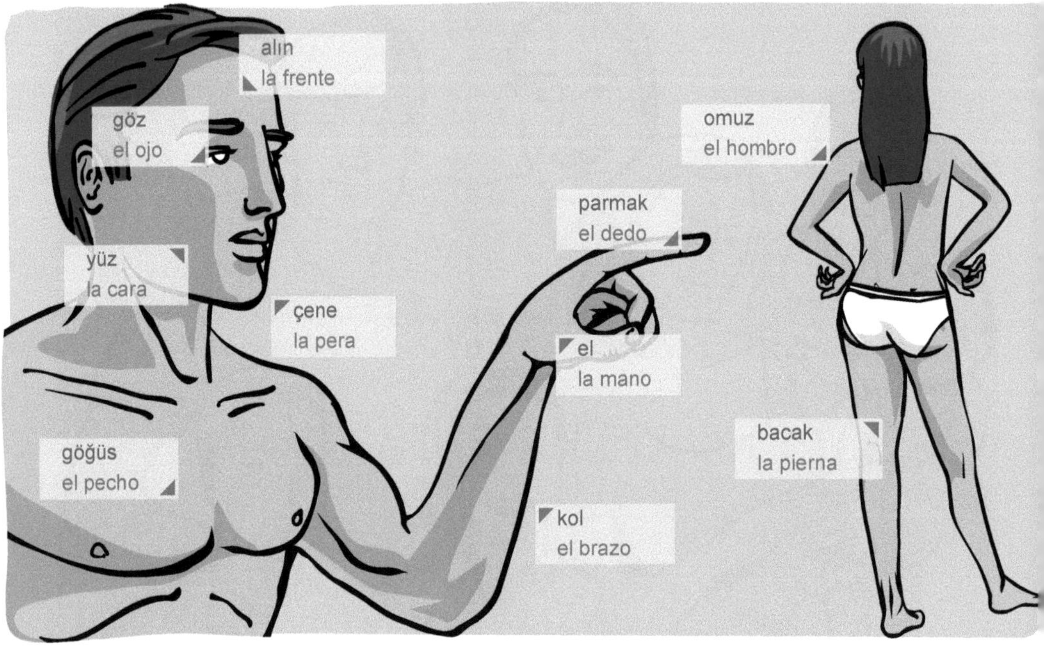

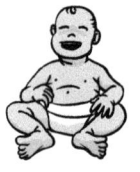

bebek

el bebé

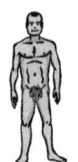

adam

el hombre

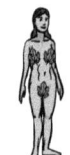

kadın

la mujer

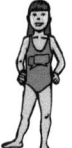

kız

la nena

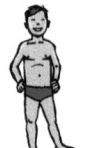

erkek çocuk

el nene

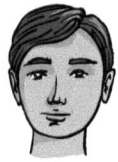

baş

la cabeza

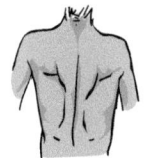

sırt

la espalda

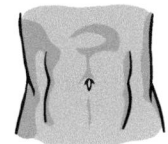

karın

la panza

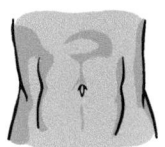

göbek

el ombligo

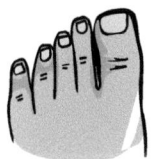

ayak parmağı

el dedo del pie

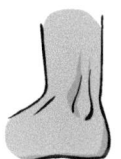

topuk

el talón

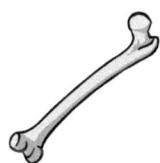

kemik

el hueso

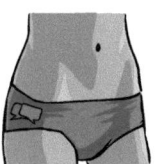

kalça

la cadera

diz

la rodilla

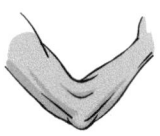

dirsek

el codo

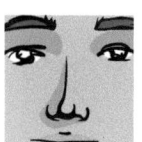

burun

la nariz

kalça

la cola

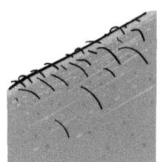

deri

la piel

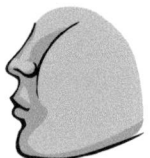

yanak

el cachete

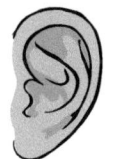

kulak

la oreja

dudak

el labio

ağız

la boca

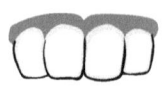

diş

el diente

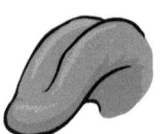

dil

la lengua

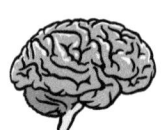

beyin

el cerebro

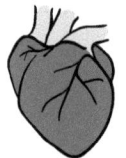

kalp

el corazón

kas

el músculo

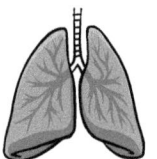

akciğer

el pulmón

karaciğer

el hígado

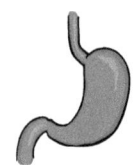

mide

el estómago

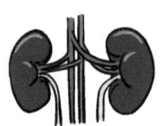

böbrekler

los riñones

seks

el sexo

prezervatif

el preservativo

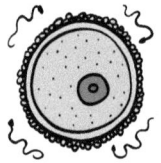

yumurtalık

el óvulo

sperm

el semen

hamilelik

el embarazo

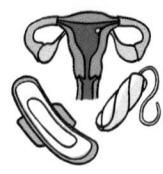

regl

la menstruación

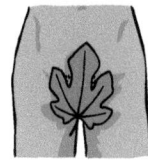

vajina

la vagina

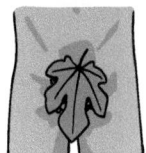

penis

el pene

kaş

la ceja

saç

el pelo

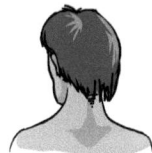

boyun

el cuello

hastane
el hospital

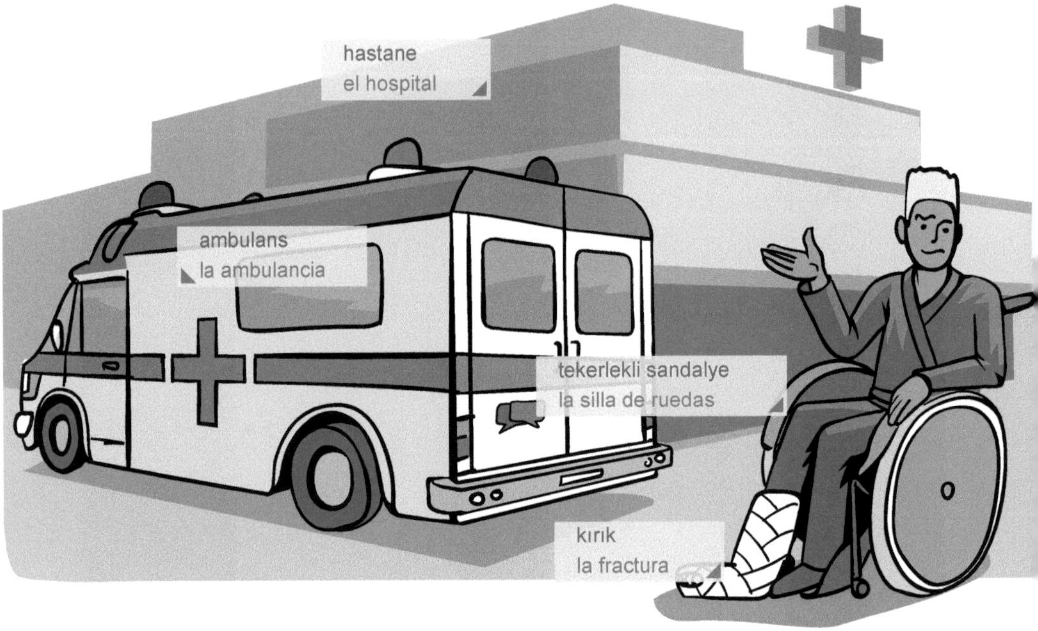

hastane
el hospital
ambulans
la ambulancia
tekerlekli sandalye
la silla de ruedas
kırık
la fractura

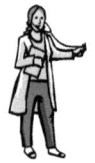

doktor

el médico

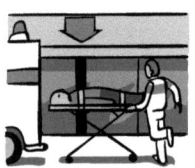

acil servis

la sala de guardia

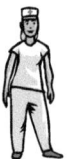

hemşire

la enfermera

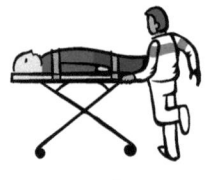

acil

la emergencia

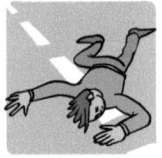

baygın

inconsciente

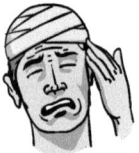

acı

el dolor

yaralanma

la lesión

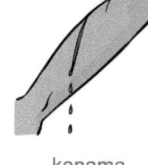

kanama

la hemorragia

kalp krizi

el infarto

felç

el ACV

alerji

la alergia

öksürük

la tos

ateş

la fiebre

grip

la gripe

ishal

la diarrea

baş ağrısı

el dolor de cabeza

kanser

el cáncer

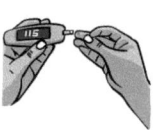

şeker hastalığı

la diabetes

cerrah

el cirujano

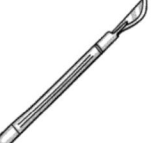

neşter

el bisturí

operasyon

la operación

bilgisayarlı tomografi

la TC

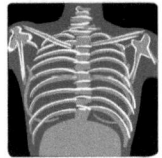

röntgen

los rayos x

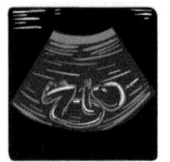

ultrason

la ecografía

yüz maskesi

el barbijo

hastalık

la enfermedad

bekleme odası

la sala de espera

koltuk değneği

la muleta

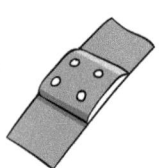

yara bandı

la curita

bandaj

la venda

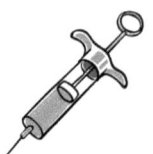

enjeksiyon

la inyección

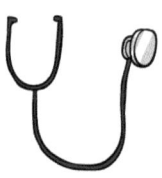

steteskop

el estetoscopio

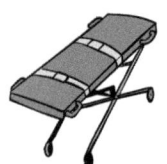

sedye

la camilla

tıbbi termometre

el termómetro

doğum

el nacimiento

fazla kilo

el sobrepeso

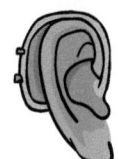

işitme cihazı

el audífono

dezenfektan

el desinfectante

enfeksiyon

la infección

virüs

el virus

HIV / AIDS

el VIH / SIDA

ilaç

el remedio

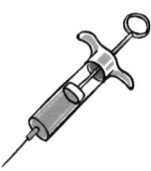

aşı

la vacunación

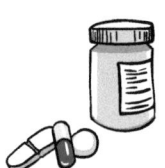

tablet

los comprimidos

hap

la pastilla anticonceptiva

acil çağrı

la llamada de emergencia

tansiyon aleti

el tensiómetro

hasta / sağlıklı

enfermo / sano

İmdat!

¡Ayuda!

alarm

la alarma

darp

la agresión

saldırı

el ataque

tehlike

el peligro

acil çıkış

la salida de emergencia

Yangın!

¡Fuego!

yangın tüpü

el matafuego

kaza

el accidente

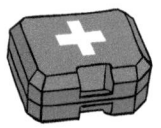

ilk yardım çantası

el botiquín de primeros auxilios

imdat

el SOS

polis

la policía

Avrupa

Europa

Kuzey Amerika

América del Norte

Güney amerika

América del Sur

Afrika

África

Asya

Asia

Avustralya

Australia

Atlantik

el Atlántico

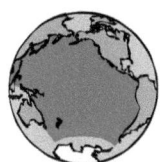

Pasifik

el Pacífico

Hint Okyanusu

el Océano Índico

Antarktika Okyanusu

el Océano Antártico

Arktik Okyanusu

el Océano Ártico

Kuzey Kutbu

el polo norte

Güney Kutbu

el polo sur

Antarktika

la Antártida

dünya

la Tierra

kara

la tierra

deniz

el mar

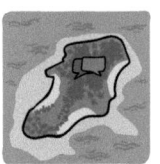

ada

la isla

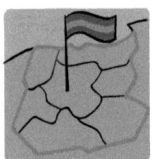

ulus

la nación

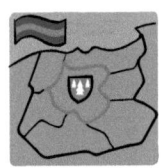

ülke

el estado

kadran
la esfera

akrep
la manecilla de las horas

yelkovan
el minutero

saniye ibresi
el segundero

Saat kaç?
¿Qué hora es?

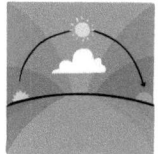

gün
el día

zaman
la hora

şimdi
ahora

dijital saat
el reloj digital

dakika
el minuto

saat
la hora

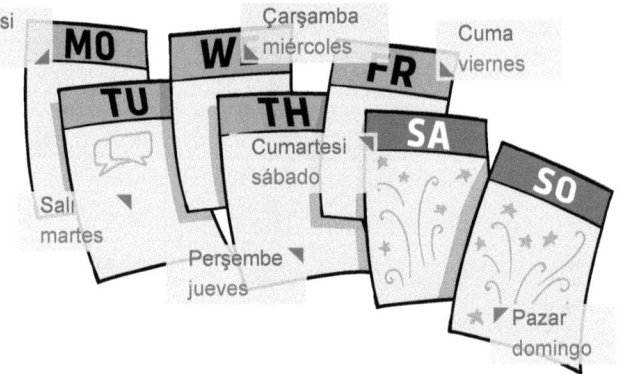

Pazartesi
lunes

Çarşamba
miércoles

Cuma
viernes

Salı
martes

Cumartesi
sábado

Perşembe
jueves

Pazar
domingo

dün

ayer

bugün

hoy

yarın

mañana

sabah

la mañana

öğle

el mediodía

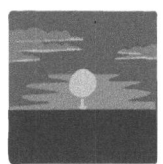

akşam

la tarde

iş günleri

los días hábiles

hafta sonu

el fin de semana

yıl

el año

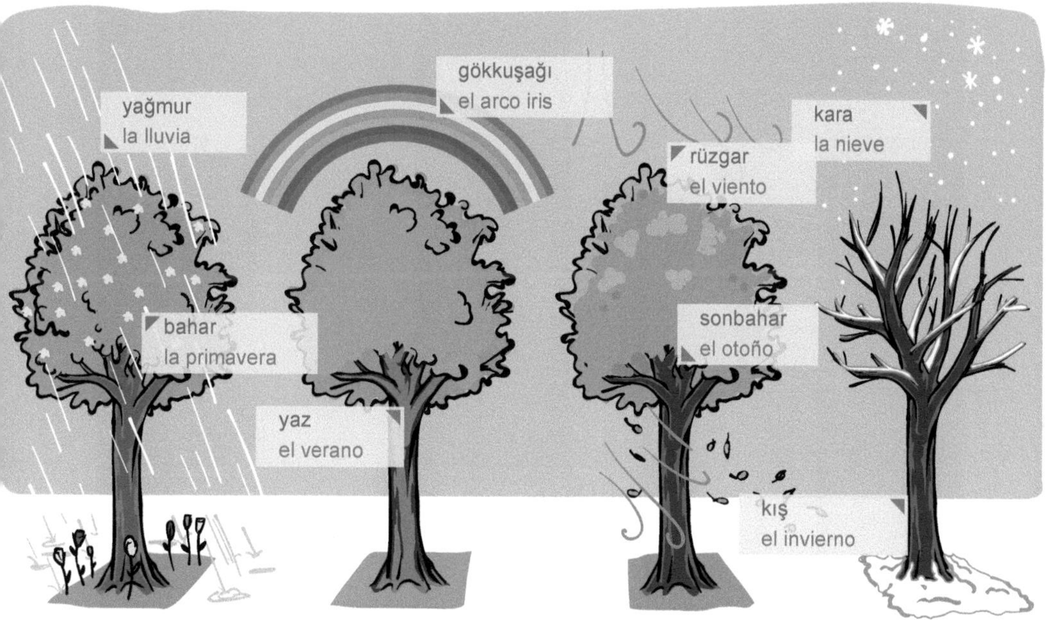

yağmur
la lluvia
gökkuşağı
el arco iris
kara
la nieve
rüzgar
el viento
bahar
la primavera
sonbahar
el otoño
yaz
el verano
kış
el invierno

4.APRIL 11°
5.APRIL 4°
6.APRIL 13°
7.APRIL 8°
8.APRIL 10°

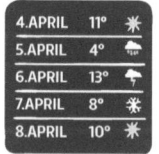

hava durumu tahmini

el pronóstico meteorológico

F C
120 40
90 30
60 20
30 10
0 0
-30 -10
-20

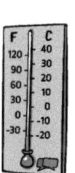

termometre

el termómetro

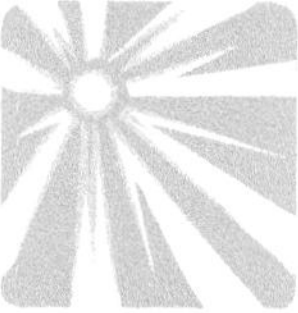

güneş ışığı

la luz del sol

bulut

la nube

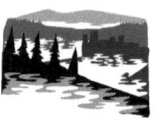

sis

la niebla

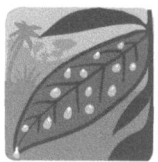

nem

la humedad

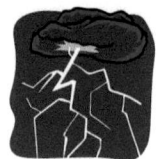

şimşek

el rayo

gök gürültüsü

el trueno

fırtına

la tormenta

dolu

el granizo

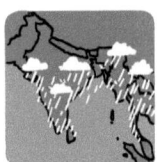

muson

el monzón

sel

la inundación

buz

el hielo

Ocak

enero

Şubat

febrero

Mart

marzo

Nisan

abril

Mayıs

mayo

Haziran

junio

Temmuz

julio

Ağustos

agosto

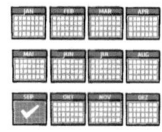

Eylül

septiembre

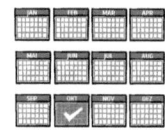

Ekim

octubre

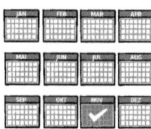

Kasım

noviembre

Aralık

diciembre

şekiller
las formas

daire

el círculo

kare

el cuadrado

dikdörtgen

el rectángulo

üçgen

el triángulo

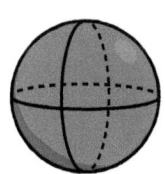

küre

la esfera

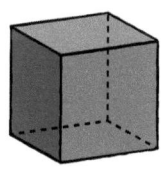

küp

el cubo

beyaz

blanco

sarı

amarillo

turuncu

naranja

pembe

rosa

kırmızı

rojo

mor

violeta

mavi

azul

yeşil

verde

kahverengi

marrón

gri

gris

siyah

negro

çok / az

mucho / poco

kızgın / sakin

enojado / tranquilo

güzel / çirkin

lindo / feo

başlangıç / son

el principio / el fin

büyük / küçük

grande / chico

parlak / karanlık

claro / oscuro

erkek kardeş / kız kardeş

el hermano / la hermana

temiz / kirli

limpio / sucio

tamam / eksik

completo / incompleto

gün / gece

el día / la noche

ölü / canlı

muerto / vivo

geniş / dar

ancho / angosto

yenilebilir / yenilemez

comestible / no comestible

kötü / iyi

malo / amable

heyecanlı / sıkılmış

entusiasmado / aburrido

şişman / zayıf

gordo / flaco

ilk / son

primero / último

dost / düşman

el amigo / el enemigo

dolu / boş

lleno / vacío

sert / yumuşak

duro / blando

ağır / hafif

pesado / liviano

açlık / susuzluk

el hambre / la sed

hasta / sağlıklı

enfermo / sano

yasa dışı / yasal

ilegal / legal

zeki / aptal

inteligente / estúpido

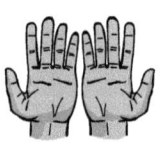

sol / sağ

izquierda / derecha

yakın / uzak

cerca / lejos

yeni / kullanılmış

nuevo / usado

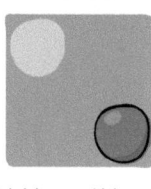

hiçbir şey / bir şey

nada / algo

yaşlı / genç

viejo / joven

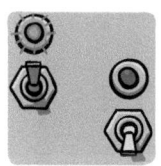

açma / kapama

encendido / apagado

açık / kapalı

abierto / cerrado

sessiz / gürültülü

silencioso / ruidoso

zengin / fakir

rico / pobre

doğru / yanlış

correcto / incorrecto

pürüzlü / düz

áspero / suave

üzgün / mutlu

triste / contento

kısa / uzun

corto / largo

yavaş / hızlı

lento / rápido

ıslak / kuru

mojado / seco

sıcak / serin

caliente / frío

savaş / barış

guerra / paz

sayılar

los números

0
sıfır
cero

1
bir
uno

2
iki
dos

3
üç
tres

4
dört
cuatro

5
beş
cinco

6
altı
seis

7
yedi
siete

8
sekiz
ocho

9
dokuz
nueve

10
on
diez

11
on bir
once

12

on iki
doce

13

on üç
trece

14

on dört
catorce

15

on beş
quince

16

on altı
dieciséis

17

on yedi
diecisiete

18

on sekiz
dieciocho

19

on dokuz
diecinueve

20

yirmi
veinte

100

yüz
cien

1.000

bin
mil

1.000.000

milyon
el millón

İngilizce

el inglés

Amerikan İngilizcesi

el inglés americano

Çince (Mandarin)

el chino mandarín

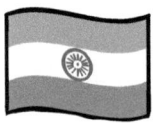

Hintçe

el hindi

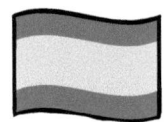

İspanyolca

el español

Fransızca

el francés

Arapça

el árabe

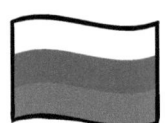

Rusça

el ruso

Portekizce

el portugués

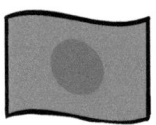

Bengalce

el bengalí

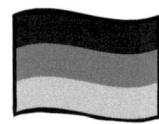

Almanca

el alemán

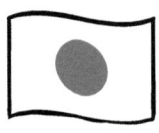

Japonca

el japonés

ben
yo

sen
vos

o
él / ella

biz
nosotros

siz
ustedes

onlar
ellos

kim?
¿quién?

ne?
¿qué?

nasıl?
¿cómo?

nerede?
¿dónde?

ne zaman?
¿cuándo?

isim
el nombre

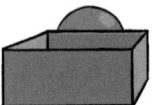

arkasında

detrás

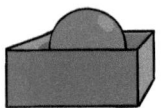

içinde

en

önünde

adelante de

üzerinde

por encima de

üstünde

sobre

altında

debajo de

yanında

al lado de

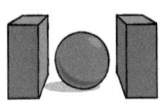

arasında

entre

yer

el lugar